Kirchenburgen der Sachsen in Siebenbürgen

Les églises fortifiées saxonnes de Transylvanie

NOI
media print

Descrierea CIP a Bibliotecii Naționale a României
IOAN, AUGUSTIN
Biserici Fortificate ale Sașilor din Transilvania / Augustin Ioan și Hanna Derer;
versiunea germană: Vlădescu Dan; versiunea franceză: Chesnais Diane
ed.: Arpad Harangozo, București:
Noi Media Print, 2004
ISBN: 973-7959-15-9

I. Derer, Hanna
II. Vlădescu, Dan (trad.)
III. Chesnais, Diane (trad.)
IV. Harangozo, Arpad (ed.)

Kirchenburgen der Sachsen in Siebenbürgen

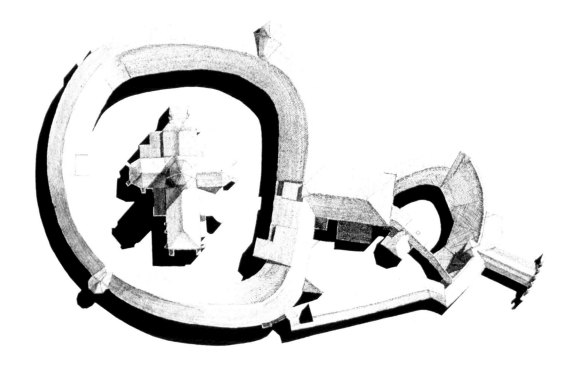

Les églises fortifiées saxonnes de Transylvanie

HÄUSER FÜR DIE EWIGKEIT

Augustin IOAN

Die Kirchen-Burgen der Siebenbürger Sachsen sind Ausdruck einer Gemeinschafts-Architektur, in deren Zentrum unverrückbar der evangelische Glaube steht: „Eine feste Burg ist unser Gott, eine gute Wehr und Waffen." Sie sind die lebende Mitte der Gemeinschaft, die hier in Krieg und Gefahr ihre Zuflucht findet. An den noch heute über hundert erhaltenen religiösen Fortifizierungen, vor allem zwischen den beiden Kokeln und dem Olt, im Burzenland und vereinzelt um Bistritz, lassen sich ihre wesentlichen Merkmale gut ablesen.

1. **Das Allerheiligste des Altars** ist in allen Religionen naturgemäss der geschützteste Bezirk. An diesem Ort des „Ganz Anderen" (R. Otto) vollzieht sich die Begegnung von Diesseits und Jenseits, er garantiert dem Flüchtling helfenden Schutz, gewaltsames Eindringen verletzt ihn unsühnbar. Die äusseren Fortifikationen der sächsischen Kirchen sind ein symbolischer Ausdruck der inneren Stärke, die der Glaubensgemeinschaft vom Göttlichen und seiner Verehrung in der Liturgie erwächst. Das Allerheiligste war daher der Ort letzter Zuflucht, in Gefahr für Leib und Leben, gleichzeitig Hort für Heil und Segen, die Kirche öffentliches Gebäude und Born der Seele.

2. **Die Lage** der siebenbürgischen Kirchen exponierte sie als Vorposten der (westlichen) Christenheit, errichtet ab 1150 durch die Sachsen, die von König Geisa II und

DE L'AUTRE CÔTÉ DES CARPATES, CHEZ NOUS

par Augustin IOAN

Les églises saxonnes de Transylvanie réunissent tous les critères permettant d'illustrer l'architecture religieuse et défensive typiquement médiévale. Ces traits communs à plusieurs centaines d'églises fortifiées peuvent servir d'exemples pédagogiques pour comprendre la structure et le fonctionnement de la forteresse type et notamment de son espace central destiné au culte religieux. Cette brève introduction ne permet pas de présenter chacune d'entre elles; on se contentera d'en choisir celles qui paraissent les plus significatives pour le néophyte curieux d'aborder ce style architectural.

1. **Le sanctuaire** est par définition un lieu saint, une retraite pieuse. Cet espace sacré, qui matérialise la notion «d'au-delà» ou, selon la définition de R. Otto «l'espace à part», joue également le rôle d'un abri défensif. Situé dans un monde à part, étrange, le lieu du culte est en même temps un endroit sécuritaire de tous points de vue. Le droit d'avoir un sanctuaire intouchable fut toujours respecté sous peine d'attirer des effets néfastes. Par conséquent, la notion de protection fait partie de la définition même du lieu de culte. Les fortifications permirent aux églises saxonnes de Transylvanie de servir, à l'ensemble de la communauté d'un village, d'abris collectifs en cas d'attaque. Les fortifications féodales ne font que rendre visibles les délimitations symboliques de l'espace sacré. De ce point de vue il est intéressant d'observer que ces églises fortifiées s'adaptèrent

seinen Nachfolgern ins Land geholt wurden, verstärkt nach dem Mongolen- und Tartarensturm gegen das östliche Europa unter Khan Batu und seiner Goldenen Horde (1241). Sie bildeten später einen starken christlichen Limes gegen den osmanischen Islam und die drei Jahrhunderte andauernden Türkenkriege (ab 1420).

3. **Der Wehr-Charakter der Kirchen** verfestigte sich im Laufe der Zeiten durch die wachsende Angriffskraft der Gegner. Die Kirche wurde mit Ringmauer und Graben umgeben, im Westen und Osten mit Türmen versehen, diese wiederum oben mit herauskragenden hölzernen Rundläufen umfasst, das Chor-Dach in vielen Fällen durch dazwischengeschobene Verteidigungswerke in die Höhe gehoben, ja das Dach selbst noch in Geschosse gegliedert, aus deren Öffnungen auf den Gegner gefeuert werden konnte, und lange Wehrgänge umlaufen mitunter den ganzen Chor und das Schiff und vereinen sie zu einem einheitlichen Verteidigungs-Gesamt-System.

Die Kirchen-Anlagen wiederspiegeln die Alltags-Welt des Dorfes in seinem Innern en miniature noch einmal. Für den Fall der Belagerung wurden, angelehnt an die Umfassungsmauer, ein- und auch zwei-geschossige Räume (einige mit Heizvorrichtungen) geschaffen, mit Schlafgelegenheiten, für Vorräte an Korn, Speck und Rauchwaren, für den Schul-Unterricht, selbst die Mittel für einfache Handwerksverrichtungen wurden bereitgehalten,

au site escarpé des Carpates et à la stratégie militaire offensive des Ottomans. C'est pourquoi leur position permit de défendre les frontières de la Transylvanie (les Carpates contribuant à les rendre imprenables) contre les attaques musulmanes.

2. **Véritable avant-poste**, l'église fortifiée a une double orientation: a) verticale: sa position dans la partie la plus haute du village la rendait imposante à la fois pour ceux qui se trouvaient à ses pieds que pour ceux qui la découvraient de loin; b) vers le Levant : orientées vers l'Est, vers le lever du soleil, en direction du «paradis terrestre» (Alberti), de sorte qu'elles puissent permettre l'Épiphanie, la commémoration de l'Annonce de la naissance du Christ aux Bergers et aux Rois-Mages (Aristote), les églises fortifiées symbolisent la protection des chrétiens face à l'invasion musulmane. Ce fut d'abord l'idée des Chevaliers teutons d'avancer en direction de l'Est pour défendre les frontières du monde chrétien; par la suite, les Saxons, les Sicules et les Roumains des villages de la région de Bistriţa reprirent à leur compte cette stratégie orientée sur la «première ligne défensive».

3. **L'ensemble architectural de l'église fortifiée** présente un caractère fractal. Selon le type de fortification utilisé, on peut distinguer en Transylvanie plusieurs modèles d'églises saxonnes: dans certains cas, la muraille périmétrale d'enceinte fut doublée d'une ou plusieurs rangées; dans d'autres cas, la muraille d'enceinte et l'église furent fortifiées en même temps pour constituer les deux éléments inséparables d'un ensemble défensif complexe. Petit à petit, la où les muraille(s) d'enceinte, les tours, le chemin de ronde ouvert dans les combles de la nef, la tour qui surmonte la pré nef furent aménagés pour la défense passive, permettant la mise en œuvre de stratégies militaires de repli par le passage rapide d'une partie à l'autre de l'église fortifiée. Le portail même de l'église, doté d'une serrure à crémones ou à moraillon, reproduit en miniature la complexité du système défensif. D'autre part, le caractère fractal de cet ensemble architectural impose le respect de règles de vie en cas de

natürlich auf das Wesentlichste beschränkt. So war die Kirchen-Anlage das Dorf im kleinen.

4. **Die Vielfalt** der Architektur-Formen enstammt den unterschiedlichen lokalen Bau-Lösungen, das Stein-Material der Umgebung, zum Teil aus den alten Römer-Strassen. Das Aussehen veränderte sich dabei durch ständige militärisch bedingte Hinzufügungen oder durch stilistisch gewünschte Veränderungen der Wiederaufbauten und Restaurierungen. So wurden romanische Kirchen zu gotischen, Renaissance-Elemente barockisiert. Wie die Gemeinschaften und ihre politschen Verhältnisse, ihr Aufblühen oder Absterben, änderte sich auch der symbolische Ausdruck ihrer Gebäude. Und der Zahn der Zeit nagte an ihnen, ganz zu schweigen von den Einwirkungen der Kampfhandlungen und immer führte der Neubau auch zu Veränderungen der alten Formen. So werden die Kirchen zu sprechenden Chroniken. Jede Tragödie der Zerstörung eröffnete, so gesehen, auch die Chance zu einer Neu-Entwicklung, sie fügt den vorhandenen Chronik-Bänden eine neues Blatt hinzu - oder in einem anderen Bilde: sie gibt dem Baum einen neuen Jahres-Ring.

5. **Die archaischen Züge** der alten Kirchen-Burgen, die alle Siebenbürgen-Forscher immer wieder betonen, entspringen der Schlichtheit und Kargheit der Lebensführung ihrer Erbauer, ja auch der Strenge und Gradlinigkeit ihres Charakters. Weitschweifigkeit, flamboyantes Rankentum, allerlei Zierrat des Stils wird man vergebens suchen, es eignet sich auch weniger gut für Verteidigungszwecke, dafür vereinzelt ausgestaltete Portal- und Innen-Ausstattungen, Werke der Steinhauerei, im übrigen auch diese weitgehend einfach und bei der Umwandlung von katholischen in lutherische Kirchen absichtlich zerstört, übertüncht. Mit gebührendem zeitlichen Abstand zu Mittel-Europa erscheinen in Siebenbürgen die neuen Hallenkirchen (Mittel-Schiff mit gleichhohen Seitenschiffen), hier doppelt und dreifach gesichert.

refuge à l'intérieur de l'enceinte fortifiée. Le célèbre critique d'art George Oprescu (1881-1972), les définissait comme étant «la réplique de la vie en liberté» (1956, 12) : entre deux attaques, chaque membre de la communauté poursuivait, ne fut-ce que de manière réduite, son activité professionnelle habituelle. «Chaque habitant du village, poursuivait, en dehors des moments de siège, l'exercice de son activité de tous les jours» (ibidem).

4. **La coexistence** de plusieurs styles révèle, dans l'histoire de l'architecture, la manière dont ces églises et leurs murailles défensives évoluèrent au fil du temps. Tout d'abord, il s'agit de la coexistence de deux fonctions différentes, religieuse et militaire. Dans un deuxième temps, il s'agit de la coexistence de plusieurs styles architecturaux. Ainsi, au XIII-e siècle, les fortifications illustraient la volonté de tel ou tel comte d'acquérir et d'afficher son indépendance, alors qu'au XIX-e siècle, les fortifications (parfois encore utilisées dans un but

militaire) et les églises modifièrent en commun leur apparence soit par des constructions successives à la verticale ou à l'horizontale soit, par des travaux de restauration.

La nouvelle construction qui en résultait était la conséquence d'une destruction, mais également le signe d'un nouveau statut communautaire ou d'une prospérité regagnée.

Die siebenbürgischen Kirchen sind Ausdruck einer festen Gemeinschaft unabhängigen republikanischen Geistes, ohne übertriebene grossartige architektonische Gesten, ohne ästhetischen „Mehrwert". Dauerhaftigkeit und Bestand, darin lag das lebenswichtige Ziel ihrer Erbauer, Vitruvs „stabilitas", nicht „venustas".

Ausgegangen waren diese kirchlichen Wehr-Systeme natürlich aus ganz einfachen Formen des Anfangs. „Fliehburgen" waren es, Dickicht-Verhaue und Erdwälle im Wald, die nur die Einheimischen kannten. Auch die Herden

wurden so im undurchdringlichen Unterholz versteckt. Heute sind sie alle verschwunden, nur als Flur-Namen noch in Erinnerung: Burgberg „Burchrech" bei Michelsdorf und bei Reussen, „Birich" bei Weisskirch, „Burgweg" bei Jakobsdorf, Niemesch, Arbegen, „Burggrund" bei Agnetheln. In Keisd, Reps und Rosenau gewannen sie den Stadtfestungen gleiche Ausmasse, mit Ringmauern, Wehrtürmen und steinernen Wohnbauten, eng bei eng. Die stolzeste einer solchen Bauern-Burg erhebt sich noch heute auf hohem Kalkfelsen: Burg Rosenau bei Kronstadt.

Der Ausbau der Kirchen zur Burg geschah (bis auf Tartlau) auf eigene Initiative mit eigenen Kräften und Mitteln, nach und nach, nicht wie bei den Städten und ihren Befestigungen, die sich ausländische Baumeister und spezialisierte Handwerker leisten konnten. Zunächst waren die Kirchen als offene Anlagen konzipiert; man dachte nicht an feindliche Überfälle, an Raub und Tod. Am Beispiel

5. **L'archaïsme des styles** est une caractéristique des églises fortifiées de Transylvanie relevée par tous les spécialistes du domaine. «Le retard» de plusieurs décennies (voire plusieurs siècles) sur l'Occident, propre au modèle architectural des églises-halles allemandes (Hallenkirchen), n'est pas seulement la conséquence d'une construction postérieure aux styles éponymes. Pour les Saxons, adopter le dernier style architectural urbain des grandes cités de l'Europe centrale était le moindre de leurs soucis. Cette forme d'«autisme» architectural s'explique certainement par l'efficacité recherchée: la défense militaire ne laisse guère le loisir de s'attarder sur les décorations architecturales propre au style flamboyant de la Renaissance. La décoration saxonne se limite à de simples détails (l'arcature de l'entrée principale, l'encadrement des fenêtres, les nervures de voûtes) ou, le plus souvent, aux ornements des riches retables en bois peint.

L'architecture extérieure et intérieure sévère et sobre de ces églises les rend particulièrement «modernes». L'origine ethnique de architectes, qui ont la réputation d'être rigoureux dans le travail, y est pour quelque chose, mais n'est pas la seule explication. La décoration intérieure fut tantôt négligée (l'obligation de reconstruire ou d'aménager l'église entraîna l'aménagement sommaire de la décoration antérieure ou même son abandon), tantôt délibérément exclue. Ces églises illustrent par ailleurs les goûts simples des classes sociales moyennes, exemptes de personnalités fortes, tentées par les signes ostensibles de richesse, et qui n'appréciaient nullement cette «valeur esthétique ajoutée». L'investissement principal portait sur la solidité de l'édifice («stabilitas») et pratiquement pas sur sa décoration „venustas".

En outre, il s'agit d'un archaïsme fondamental, d'une adaptation à l'environnement de l'édifice qui aurait plu à Heidegger, parce qu'elle aurait illustré à merveille la conception allemande de la technique. La construction en fonction des courbes de niveau du terrain témoigne du souci d'efficacité et l'absence de projets esthétiques.

Schönberg lässt sich die Entwicklung sehr schön ablesen. Zunächst, in der Zeit Andreas II (1205-35), als turmlose Basilika mit einem Holz-Palisaden und Eingangs-Tor eingefasst, der Bau selbst auch zunächst sicher ein hölzerner Behelfsbau, später dann aus Stein, gewann schrittweise Ost - und West-Turm hinzu, auch steinerne Umfassungsmauern mit 4 Ecktürmen, eine Erhöhung und Fortifizierung des Chores, schliesslich Aussentürme mit Pultdächern.

Der Turm in seiner verwandten Urform geht zurück auf den germanischen Stockwerks-Speicher, das wichtigste und vornehmste Gebäude des Bauern-Hofes: er diente der Lagerung von Lebensmitteln und Waffen, den wertvollsten Gegenständen, dem Familien-Schatz. Im Obergeschoss konnte man schlafen. Er war die letzte Rückzugsmöglichkeit der Bewohner bei Gefahr, die Vorform des Bergfrieds. Er wurde aus diesen Sicherheitsgründen als erster Bau in Stein errichtet. Schon das altsächsische Epos „Heliand" aus der ersten Hälfte des 9 Jahrhunderts kennt solches „Stenwerk". Aus der Heimat werden die Siedler diesen Gedanken mitgebracht und ihn in der neuen Heimat verändert den neuen Gegebenheiten angepasst haben.

Ebenfalls vom Bauernhaus aus der Heimat mitgebracht: der hölzerne Wehrgang, in Form des westgermanischen Ständerwerks, vorkragend wegen der Werfscharten und von Hängeböcken getragen, später wurde er in Stein nachgebildet. An den Innenfluchten der Wehrmauern liess er durch Schiessscharten eine mobile, flexible Verteidigung zu, die schnell auf Veränderungen des feindlichen Angriffs reagieren konnte.

Die Guss-Erker (Maschikulis) sind dagegen durch den Deutschen Ritterorden ins Land gebracht worden, der sie auf den Kreuzzügen an den Burgen der Johanniter in Syrien kennenlernte. Der dortige „Krak des Chevaliers" besitzt sie schon um 1200.

Der lebenswichtigste Gedanke galt der Sicherung des Wassers. Vielfach wurde der Brunnen in das Innere des Kirchenschiffes gelegt (Mergeln, Klosdorf), oder er wurde durch einen gesonderten Wehr-Ring geschützt.

L'adaptation aux moyens disponibles n'était pas uniquement imposée par les conditions matérielles précaires, mais relevait d'un choix délibéré: la pierre de taille est imposante, résistante et intimide l'attaquant.

Enfin, il s'agit d'un archaïsme lié au caractère sacré de l'édifice. L'église perpétue une tradition (exprimée par exemple par la large diffusion du plan basilical avec une ou trois nefs) qui lui interdit toute tentative d'innovation.

Il convient d'observer que les mouvements hérétiques, puis protestants (les églises fortifiées luthériennes appartiennent à ces derniers) militèrent pour le retour aux origines, aux principes fondateurs de l'humanité. Autrement dit, les préoccupations d'ordre architectural des Saxons de Transylvanie qui ont imaginé et construit les églises fortifiées ne suivirent absolument pas les styles de l'époque, mais s'orientèrent uniquement sur la conservation à long terme du patrimoine architectural. Ce comportement est en lui-même défensif. Les populations «assiégées», vivant «exilées», du point de vue géographique, religieux ou ethnique, l'adoptent instinctivement à travers le repli sur un code de vie rigoureux (Cezar Radu). Le maintien de leur langue féodale, de leurs vieilles traditions, la reprise inlassable de l'architecture ancestrale, voilà les moyens que les minorités saxonnes de Transylvanie, semblables à d'autres minorités, choisirent pour survivre, au risque de ne pas suivre le cours normal de l'histoire.

Les églises fortifiées de Transylvanie constituent une excellente étude de cas pour illustrer les caractéristiques de l'architecture militaire ci-dessus énumérées. Les textes de spécialité, comme celui ci-dessous du professeur Hanna Derer, permettent d'approfondir ce passionnant sujet de recherches. Malheureusement l'étude des églises fortifiées a tendance à rester l'apanage d'une élite intellectuelle au lieu d'être largement diffusée auprès du grand public. Le présent album édité par Noi Media Print se propose de combler l'absence d'un livre susceptible d'éveiller la curiosité, d'éduquer et de répondre à l'intérêt des lecteurs

Die Kriegs-Ausrüstung der Bauern wird sehr variabel gewesen sein, und alles, was nur annähernd zur Abwehr des Feindes geeignet gewesen war, ist sicher auch zum Einsatz gekommen. Mittel und Wege, um teure (ausländische) Waffen anzuschaffen, standen nicht offen. Ein paar Flinten, Gewehre ja, und dann Äxte vor allem, Sicheln und Dresch-Flegel. Damit war nicht viel Staat zu machen. Am wirkungsvollsten war die Abschirmung, die Unzugänglichkeit, die Ein-Igelung, wie sie die Fortifizierung der Kirchen bot. Im übrigen hoffte man auf den Abzug, und betete...

Die Entleerung der siebenbürgischen Dörfer, die ihre sächsische Bevölkerung verloren haben, hat zu einer neuen Exilierung der anderen Art geführt. Die späte „Heimkehr", das Verlassen von Haus und Hof, hat auch zum Verlassen der Kirchen geführt, zum unerbittlichen Verfall der Dörfer und Kirchen. Ihr Fortbestehen setzt neue Generationen voraus. Die Bemühungen darum durch Länder oder Stiftungen bilden unglücklicherweise langfristig keine Lösung. Touristisches Interesse ist in einem gewissen Grade für den Fortbestand der Kirchen förderlich, und dann natürlich die Rückkehr ihrer Schöpfer, der siebenbürgischen Sachsen...

pour les trésors du patrimoine architectural que représentent les églises fortifiées saxonnes.

La désertification des villages saxons de Transylvanie est un nouvel exil pour cette population, cette fois-ci dans le sens contraire, par un tardif retour «chez soi» qui relève davantage du symbole que de la réalité, puisque leurs vraies maisons et églises demeurent inoccupées.

Or, cet exil a entraîné de manière durable la chute des églises et des villages dans un état de décrépitude. Leur pérennité suppose la continuité sur le territoire de la Roumanie des générations capables de les conserver. Confier la conservation de ce patrimoine uniquement à l'Etat ou à des fondations ne semble pas être la meilleure solution à long terme. La valorisation touristique qui est à encourager jusqu'à un certain point, n'exclut pas de souhaiter l'application d'une politique d'encouragement du retour des minorités allemandes en Transylvanie.

DIE SIEBENBÜRGER SACHSEN UND IHRE KIRCHEN-BURGEN

Hanna DERER

Terra Ultrasilvana, Transsylvanien - das Land jenseits der Wälder kann als eine der eindrucksvollsten „Kulturlandschaften" angesehen werden, und eine ihrer wesentlichsten Charakteristiken sind die 800 jährigen sächsischen Dörfer darin.

Die ersten Tausend der von König Geisa II (1141-62) ins Land geholten Sachsen siedelten im Tal des Hârtibaciu-Flusses (Agnetheln). Die Sachsen waren nicht die einzigen, die mit Unterstützung der ungarischen Krone in Siebenbürgen ansässig wurden. Der Deutsche Ritterorden baute parallel und wenig später 1211-25 Städte (Kronstadt, Langenau) und Burgen (Bran) vor allem im Burzenland, um die Süd-Ost-Flanke des Reiches zu sichern. Zu eigenmächtig, wurden sie jedoch nach 14 Jahren schon wieder des Landes (mit Waffengewalt) verwiesen. Auch die Zisterzienser, ebenfalls schon um die Wende des 13. Jahrhunderts im Lande, hatten wenig Erfolg; nach der Reformation versiegte ihr Einfluss vollends. Nur die Sachsen, eigentlich mehr Flamen, Luxemburger und Rhein-Mosel-Franken, blieben in Siebenbürgen (neben den Szeklern, den alten Steppen-Kumpanen der Ungarn). Sie waren Handwerker und Bauern und gestalteten ihre neue Heimat mit deutscher Hingabe. Auch die Siedlungen der Zisterzienser und des Deutschen Ritterordens führten sie weiter.

LES ÉGLISES FORTIFIÉES SAXONNES DE TRANSYLVANIE

par Hanna DERER

La Transylvanie, région de Roumanie ainsi appelée du latin «Terra Ultrasilvana» – le pays au-delà des forêts – est l'une des illustrations les plus suggestives du concept de «paysage culturel». Celui-ci trouve en effet tout son sens dans les relations dialectiques étroites entre le patrimoine architectural fondé par les Saxons il y a environ huit siècles et le faconnement des paysages agraires dans une région à forte inplantation humaine toujours en développement.

Tout porte à croire que ce fut parmi les Flamands, les Teutons et les Saxons, que furent recrutés les deux ou trois premiers milliers de colons à la demande du roi de Hongrie Géza II dans la vallée du Hârtibaciu. Les Saxons ne furent pas la seule minorité que la couronne de Hongrie fit établir en Transylvanie. Au début du XIII-e siècle, l'Ordre cistercien y fonda une abbaye, pendant que les Chevaliers teutons édifièrent des forteresses pour défendre les frontières sud-est du royaume de la Hongrie contre les Tatares. Toutefois, ces deux communautés n'y restèrent pas très longtemps. Seigneurs du sabre, les Chevaliers teutons, après avoir été «hôtes» de la Couronne magyare, en furent expulsés de Transylvanie au bout de 14 ans. Défenseurs du Christ, les moines cisterciens, s'établirent en Transylvanie jusqu'à l'avènement de la Réforme protestante, mais leur influence diminua considérablement à partir du XV-e siècle. Seuls les

Der „Goldene Freibrief" (1224) des ungarischen Königs Andreas II bestätigte den Sachsen ihre Rechte der Selbstverwaltung und Eigengerichtsbarkeit auf dem von ihnen besiedelten Land (Königs-Boden). In diesem Zusammenhang mussten auch die sächsischen Erbgräfen auf ihre Privilegien zugunsten der freien Gemeinden, die nur noch der ungarischen Krone unterstanden, verzichten.

Die günstigen Bedingungen, die der „Goldene Freibrief" schuf und der Kolonisierung in der ersten Hälfte des 13. Jahrhunderts neuen Auftrieb gab, waren nicht ohne Grund erteilt worden, denn die verheerenden Tataren-Einfälle (1241-42, 1285) machten eine weitergehende Sicherung des Landes durch starke, verteidigungs-fähige Siedler erforderlich. Die Sachsen dehnten denn zu Beginn des 14. Jahrhunderts auch ihre Anwesen weiter nach Nord-Osten aus, in das Gebiet der beiden Kokeln und des Olt.

Deshalb sind auch in beiden Wohn-Gebieten, den alten und den neuen, die Häuser gleich. Das Fränkische Gehöft (aus der Heimat) bildet den Grundtyp: auf grossem Bauplatz das Haupt(Wohn)Haus, Stallungen, Scheune, Schopfen - alles zusammen, doch fein säuberlich getrennt, nicht unter einem Dach, alle um den Hof-Platz herum, mit Einfahrts-Tor und Gassentüre, hinten ein Gemüse, ein Obstgarten. Das Bauernland liegt ausserhalb des Dorfes.

Ab 1420 begannen die Türken planmässig Einfälle an der Südgrenze des Landes, die Siebenbürgen drei Jahrhunderte in Atem halten sollten. Angesichts dieser Gefahren erweiterten die Städte ihre Wehrkraft durch grosse Verteidigungssysteme, mit denen sie sich seit der Tartaren-Einfälle zu umgeben begonnen hatten. Die Dörfer, denen die Mittel dazu fehlten, verstärkten ihre Kirchen, meist schon an einem strategischenPunkt gelegen, für Leib und Leben, Hab und Gut - anfangs nur ein einfacher Andachtsraum im Stile der Zeit seiner Errichtung, in einem geweihten Bezirk, mit einfacher Begrenzung. Dennoch war sie das einzige Gebäude, das

artisans et les agriculteurs saxons s'implantèrent définitivement en Transylvanie. Ils surent se fondre dans la population autochtone qui a une nature tolérante et s'approprièrent la culture bâtisseuse des moines cisterciens et des Chevaliers teutons.

Les actes écrits du haut Moyen-Âge, notamment la «Bulle d'or» ou «Andreaneum», promulguée en 1224 par le roi magyar André II, concédèrent aux Saxons de Transylvanie des privilèges juridiques et religieux très étendus, en les transformant en véritables magnats. De ces droits coloniaux exceptionnels bénéficièrent également les petits nobles d'origine saxonne appelés „Gräven". Ceux-ci quittèrent le territoire au XVI-e siècle, mais leurs résidences fortifiées furent reprises par les communautés libres, directement soumises à la couronne de la Hongrie, dont les Roumains étaient pour la plupart exclus. Il paraît vraisemblable que les faveurs particulières dont jouissaient les Saxons grâce au roi André II incitèrent de nouvelles vagues de colons à arriver au milieu du XIII-e siècle. Par ailleurs, les documents historiques qui évoquent les invasions dévastatrices des Tatares aux cours des années 1241-1242 et 1285, constituent une autre explication de l'essor de la communauté saxonne au nord-ouest de la Transylvanie, notamment dans les vallées des deux rivières Târnave. A partir du début du XIV-e siècle, des documents écrits attestent leur présence dans cette région où ils fondèrent plusieurs cités.

L'extension géographique des colons saxons à l'intérieur de la Transylvanie est par ailleurs confirmée par la ressemblance du type d'habitat rencontré dans ces deux zones. Les constructions saxonnes traditionnelles, du type „Fränkischer Gehöft", se caractérisent par des fermes qui s'étendent en longueur, l'habitation principale et ses annexes se trouvant du côté passant, les bâtiments et terrains agricoles étant situés dans l'arrière-cour. L'habitation principale est perpendiculaire à la grand'rue, dévoilant d'abord son côté le plus étroit, contrairement aux bâtiments annexes, construits parallèlement à la grand'rue.

Au Moyen-Âge, la structure architecturale du village était

gross genug war, die gesamte Gemeinde zu schützen. Daher wurde sie zur letzten Zufluchtsstätte ausgebaut. Sie war auch gegen die Kriegstaktik der Türken, in kleinen Guerilla-Gruppen schnell anzugreifen, gut geeignet, da selten Zeit blieb, sich etwa in weiter entfernte befestigte Orte zurückzuziehen. Bei der eigenen Kirche im Dorf war das sehr viel schneller möglich.

Mittel und Wege der Fortifizierung lagen nicht fest: man weiss nicht genau, nach welchen Prinzipien ihre Wahl erfolgte, weder in den einzelnen Gebieten noch Zeiten. Deshalb sind alle über 200 gebauten und über 100 noch heute erhaltenen Kirchen auf je eigene Weise verstärkt und bewehrt worden, jede für sich ist daher ein Unikat. Der Vergleich aller Kirchen im Lande zeigt, dass man darauf bedacht war, jede der Einzelheiten eigens zu fortifizieren. Im Zuge dessen wurden etwa der Glockenturm, traditionsgemäss im West-Teil des Gebäudes, in einen Verteidigungs-Turm umgestaltet, mit Schiessscharten und Rundlauf, auch der Chor wurde mancherorts zu einem Schutz-Turm erhöht, anderswo erhielt der Altarraum eine Schuss-Tribüne aufgesetzt, mit Scharten und Schlitzen zum Schiessen. Oft hatten

die Kirchen zwei Verteidigungs-Türme der frühere Glockenturm im Westen und ein neu errichteter über dem Chor. Schliesslich gibt es zahlreiche Beispiele, in denen alle drei Bau-Körper: Glockenturm, Vorhalle und Apsis für Verteidigungszwecke verändert wurden und ein Rundlauf um die gesamte Kirche unterhalb des Daches entlangführte.

Seit dem 15. Jahrhundert erhielten die so befestigten Kirchen eigene Verteidigungs-Werke: je nach Möglichkeit und Bedürfnis einfache, doppelte oder dreifache Mauern,

dominée par la position de l'église. Initialement, l'église était destinée uniquement au culte. L'église conserve l'empreinte architecturale d'origine. Il est probable que l'église était, à sa construction, entourée d'un espace sacré, délimité par un mur.

En 1395, eut lieu la première grande invasion turque en Transylvanie. Dans le sud de la Transylvanie, face aux attaques répétées des Ottomans pendant le siècle qui suivit, les cités saxonnes durent être entourées de murailles de défense. Les villages, moins riches et plus vulnérables, se contentèrent de points fortifiés, capables d'abriter en cas de besoin l'ensemble de la population.

Souvent, l'église représentait le seul édifice de grandes dimensions susceptible d'abriter les habitants d'un village. Il fut aménagé dans un but défensif, compte tenu de la stratégie militaire des Turcs. Ceux-ci, organisés en petites unités très mobiles, attaquaient avec une telle rapidité que les gens n'auraient pas eu le temps de s'abriter à l'extérieur du village. L'implantation de l'église au centre du village, en fit le refuge idéal pour l'ensemble des habitants. Les églises furent fortifiées de diverses manières. Les études qui y furent consacrées ne permirent pas de mettre en évidence un style défensif commun à plusieurs zones ou à plusieurs périodes historiques successives. Par conséquent, chacune des 150 églises fortifiées qui sont conservées, sur les 200 initialement construites, est unique du point de vue architectural.

De plus, un examen plus minutieux révèle que les fortifications furent pratiquement adaptées à chaque élément architectural de chaque église en particulier. Ainsi, la tour clocher, traditionnellement dressée du côté ouest de l'église,

diese wiederum mit Türmen verschiedener Art, sowie Bastione, Gräben und Bollwerke. Mit der Kirche gemeinsam bilden all diese Elemente unter Einschluss auch anderer Gebäude (für die Vorratshaltung) ein zusammenhängendes System.

Die Verteidigungs-Anlagen der Kirchen entwickelten sich bis ins 16. Jahrhundert hinein. Sie ermöglichten den Sachsen, in einem viel umkämpften Gebiet das Überleben, das nur all zu oft ein einziges Schlachtfeld war. Der Einbezug Siebenbürgens in das österreichische Monarchie (1699) verbesserte die Lage nicht. Die kriegerischen Auseinandersetzungen zwischen den Habsburgern, den Ungarn und den Türken, die dem Lande durch die wechselnden Parteiungen bürgerkriegsähnliche Züge bescherten, endeten erst im dritten Jahrzehnt des 18. Jahrhunderts.

Obgleich die Kirchen später keinen Verteidigungszweck mehr erfüllten, wurden sie immer noch höchst sorgfältig gepflegt. Die Gemeinden, die durch sie überlebt hatten, sahen in ihnen ein Zeichen kultureller Identität. Die Situation der im Erbe Europas einzigartigen Ensembles verschlechterte sich nach den rumänischen Wende-Ereignissen 1989. Die meisten Sachsen wanderten in den frühen neunziger Jahren nach Deutschland aus und besiegelten den Untergang ihrer mehr als 800jährigen Kultur sowie ihres aussergewöhnlichen architektonischen Vermächtnisses, ganz einfach durch das Fehlen von Nachfolgern oder Nutzniessern, die sich damit identifizierten.

Angesichts der Einmaligkeit der sächsischen Wehr-Kirchen, welche die Vielfalt des kulturellen Erbes für

fut transformée en tour de défense munie d'archères à intervalles plus ou moins réguliers et d'un chemin de ronde. Le chœur fut lui aussi surélevé et transformé en une puissante tour défensive. Parfois la fortification du chœur fut doublée de la construction d'un niveau défensif supplémentaire au-dessus de l'iconostase, muni d'échauguettes, percées de mâchicoulis par où on faisait tomber verticalement des boulets sur les assaillants et de créneaux disposés pour le tir à l'arbalète. Souvent les églises fortifiées étaient dotées de deux tours défensives – l'ancienne tour clocher à l'ouest et une tour supplémentaire, érigée au-dessus du choeur. Enfin, dans certains cas les trois principaux éléments architecturaux, la tour clocher, la nef et l'abside derrière l'iconostase, furent surmontés d'un niveau défensif.

À partir du XV-e siècle, les églises fortifiées furent dotées d'enceintes défensives. Selon les moyens utilisés et des buts stratégiques recherchés, on construisit des enceintes défensives simples, doubles ou triples, des bastions, des douves et des enclos («zwinger»). Tous ces éléments architecturaux plus ou moins sophistiqués font de l'église fortifiée un système défensif impressionnant où à côté des édifices religieux il y a des bâtiments défensifs, comprenant des celliers, réserves de grains et de nourriture en cas de siège.

Les troubles politiques entraînèrent la construction d'églises fortifiées jusqu'au XVI-e siècle. Leur existence assura aux Saxons de Transylvanie une vie paisible sur un territoire particulièrement convoité par ses ennemis, les Turcs notamment, qui n'ont pas hésité à le transformer en champ de bataille. L'annexion forcée de la Transylvanie en 1699 à l'empire autrichien n'a pas été de nature à apaiser les

Rumänien bereichert, haben seit dem Exodus der Sachsen verschiedene Rettungs-Aktionen eingesetzt. In einem ersten Schritt in rechtlicher Hinsicht: sie wurden in die Liste der kulturellen National-Denkmäler aufgenommen, und gegenwärtig hat die UNESCO sechs der Kirchen zum Welt-Kultur-Erbe erklärt. Programme zur Stärkung der ländlichen Gebiete werden in zwei der Fälle von der Welt-Bank durchgeführt: in Biertan/Birthälm und Viscri/Deutsch-Weisskirch. Das Ensemble in

Câlnic/Kelling wurde von der Rumänischen Akademie übernommen und in ein Forschungszentrum gewandelt. Und selbstverständlich sucht man auch nach Lösungen für Prejmer/Tartlau, Sachis/Keisd und Valea Viilor/Wurmloch. In anderen Fällen wurden Gelder durch die örtlichen Gemeinden gesammelt, und auch Fachleute haben durch unentgeltlichen Einsatz ihren Teil dazu beigetragen. Das Projekt in Hozman/Holzmengen wurde mit Hilfe von Architektur-Studenten aus Bukarest durchgeführt.

All diese konkreten Anstrengungen hätten nicht ohne die zwischen 1991-98 erstellte flächendeckende Bestandsaufnahme des denkmalwerten Kulturgutes in den ehemals deutschen Siedlungsgebieten Siebenbürgens, einem staatlichen deutsch-rumänischen Gemeinschaftsunternehmen, durchgeführt werden können. An seiner Realisierung haben auch das Institut für Architektur und Stadt-Planung der Universität

conflits. Plusieurs documents historiques témoignent que les Saxons continuèrent à utiliser ces églises fortifiées au cours des affrontements religieux du XVIII-e siècle.

Même si à partir de cette époque les églises fortifiées ne jouèrent plus un rôle défensif, elles firent entretenues en tant que patrimoine artistique et religieux. Les minorités allemandes, reconnaissantes d'avoir survécu grâce aux églises fortifiées leur attribuèrent une identité culturelle.

La conservation de ces ensembles architecturaux précieux pour le patrimoine artistique européen fut délaissée à partir de la chute du communisme. La plupart des Saxons de Transylvanie émigra vers l'Allemagne, surtout dans les années 1990. Leur émigration a causé l'effondrement d'une vieille civilisation de plus de huit siècles et l'abandon d'un patrimoine architectural d'exception, qui n'a pas retrouvé dans les nouveaux habitants de la région, des gens soucieux de l'art et de l'histoire, capables de s'y reconnaître. La prise de conscience de la nécessité de sauvegarder les églises fortifiées de Transylvanie, composante du patrimoine culturel roumain, fut immédiate, mais les efforts doivent se poursuivre, tant les moyens qui y furent consacrés s'avèrent insuffisants.

La première démarche fut d'ordre juridique. La classification des monuments historiques représente de ce point de vue le premier pas: actuellement six églises fortifiées fondées par les Saxons de Transylvanie sont inscrites sur la Liste du patrimoine mondial de l'UNESCO. Deux d'entre elles, Biertan (Birthälm) et Viscri (Deutsch-Weisskirch) bénéficient de programmes de revalorisation des communautés rurales financés par la Banque Mondiale. Le complexe médiéval fortifié de Câlnic (Kelling) fut récemment pris en charge par l'Académie Roumaine, qui en fit un de ses centres de recherches; la conservation des patrimoines architecturaux de Prejmer (Tartlau), Saschiz (Keisd) et Valea Viilor (Wurmloch) sont encore à l'étude.

Dans certains cas des fonds de solidarité ont pu être collectés par les collectivités locales afin de mettre en place des chantiers dirigés par des spécialistes, comme par exemple celui de Hozman (Holzmengen) de la région de Sibiu, auquel ont

Bukarest und andere akademische Einrichtungen mitgewirkt. Das durch diese Erfassungs-Kampagnen geweckte Interesse hält an und schlägt sich u.a. in zahlreichen Diplom-Arbeiten nieder, die sich mit den Nutzungsmöglichkeiten der Ensembles unter heutigen Verhältnissen befassen oder Pläne für Erhalt, Restaurierung und Ederverwendung erarbeiteten.

participé des étudiants de la faculté d'architecture de Bucarest.

Il convient de souligner que tous ces efforts concrets s'appuient sur une documentation complète effectuée depuis environ sept ans par une équipe germano-roumaine de chercheurs pilotée par l'Institut d'Architecture et d'Urbanisme de Bucarest.

Les campagnes de coordination de l'inventaire et de la cartographie des églises fortifiées de Transylvanie, suscitent un grand intérêt mais s'inscrivent dans le long terme; elles doivent déboucher sur la publication de thèses de doctorat et d'études de recherche susceptibles de proposer les meilleures solutions de conservation, de restauration et de mise en valeur du patrimoine architectural, en liaison avec l'activité commerciale des entreprises locales, touristiques en particulier.

Agnetheln / Agnita

Die Kirche wurde 1409 im gotischen Stil auf das Fundament einer ehemaligen romanischen Basilika gebaut. Die Mauern der Festung wurden bis 1870 abgerissen. Im Turm der Schuster, der sich im Südwesten befindet, hängt der Speck heute noch an der Holzbalkendecke.

L'église de style gothique fut construite en 1409 sur les fondations d'une ancienne basilique romane. Les murs d'enceinte furent détruits avant 1870. Dans la tour des Cordonniers, située sur le côté sud-ouest de l'église, on suspend des morceaux de lard aux poutres du plafond pour illustrer les pratiques médiévales.

Almen / Alma Vii

Die hallenartige Kirche wurde im XV - XVIII Jh. gebaut. Der Innenraum wurde im XIX Jh. umgebaut.

L'église-halle fut construite entre le XV-e et le XVIII-e siècles. Au cours du XIX-e siècle son architecture intérieure fut modifiée.

Eine Reihe von Löchern wurde in der überbauten Wand der Chorpartie vorgesehen. Durch die Löcher wurde geschmolzenes Pech gegossen.

Une série d'ouvertures (mâchicoulis) furent aménagés dans le mur du chœur surhaussé pour y verser la poix.

Arbegen / Agârbaciu

Die Kirche wurde im XIV Jh. errichtet und im XVI Jh. befestigt die letzen Änderungen stammen aus dem XIX Jh.

L'église fut construite au XIV-e siècle et fortifiée au XVI-e siècle. Les dernières modifications architecturales remontent au XIX-e siècle.

Trappold / Apold

Die Kirche ist von zwei befestigten Mauern umgeben.
Sie wurde Ende XV Jh gebaut.
Der Turm über dem Eingang wird als Turm der Alten
Schule benannt.

L'église entourée d'une double muraille fortifiée fut
construite avant la fin du XV-e siècle. L'entrée
principale se fait sous la «Tour de la Vieille École», à
proximité de la «Tour de l'Avoine».

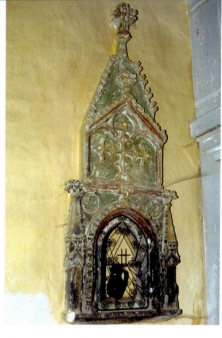

Die Holzmöbel wurde in typisch sächsischem Stil bemalt.

Le mobilier en bois peint est décoré de motifs et de scènes allégorique typiques du style rustique saxon.

Der Altar im Stil Ludwig XVI.

Le retable fut exécuté dans le style Louis XVI.

Tabernacol – ein Schmuck aus Stein.

Le tabernacle – bel ouvrage de pierre sculptée.

Hetzeldorf / Aţel

Die gotische Kirche wurde im XIV Jh. errichtet und im XV Jh befestigt.

Vue générale de l'église fortifiée et du village. L'église de style gothique fut érigée au XIV-e siècle et fortifiée au XV-e siècle.

Das West-Tor im gotischen Stil. Die Architektur und Skulptur stammen hauptsächlich von Andreas Lapicida, Künstler aus Hermannstadt.

Le portail occidental de style gothique. Les voussures sont décorées de motifs végétaux. L'architecture et la sculpture furent notamment réalisées par un maître de Sibiu, Andreas Lapicida.

Der Altar der Kirche von Hetzeldorf hat eine vieleckige Struktur.

L'iconostase de l'église d'Attel a une structure polygonale.

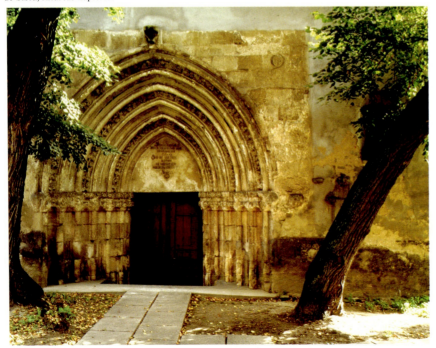

Frauendorf / Axente Sever

Die Kirche stammt, laut Dokumenten,
aus 1305. Innenansicht:
der Altar im Neubarock-Stil.

L'église telle qu'elle fut mentionnée
dans un document de 1305. Vue de
l'intérieur: le retable néo-baroque.

Luftaufnahme der befestigten Kirche und Umgebung. Der massive
Turm ist auf das Schiff gebaut, das ist eine architektonische Rarität.

Vue aérienne de l'église fortifiée et de ses environs. À remarquer une
particularité originale: la tour massive au-dessus de la nef, élément
architectural très rare.

Baassen / Bazna

Eine gotische Kirche mit romanischen Elementen vom XIII Jh. Die äusseren Mauern wurden im XV u. XVI Jh. gebaut.

L'église de style gothique aux éléments romans du XIII-e siècle. Les murs d'enceinte furent construits aux XV-e – XVI-e siècles.

Der Kurort Baassen, Anfang des XX Jh.

La station balnéaire Bazna fréquentée par des villégiaturistes au début du XX-e siècle.

Birthälm / Biertan

Eine der stärksten Bauern-Burgen Siebenbürgens, die bereits 1283 urkundlich erwähnt wird, liegt in der Gemeinde Birthälm/Biertan, Kreis Hermannstadt/Sibiu. Die Wehr-Anlage, von 22 Ring-Mauern umschlossen, ihrerseits noch von 6 Türmen und 3 Bastionen verstärkt, beherrscht von ihrem 25 Meter hohen Hügel das gesamte Dorf unterhalb. Sie wurde zwischen 1490 - 1522 erbaut, und erfuhr im 17. Jahrhundert etliche Veränderungen. Der erste Hof hatte eine fast 12m hohe Mauer, 7 Türme (4 von ihnen wurden während der Belagerung 1704 durch die Feinde der Habsburger zerstört) und Bastionen, von denen einige, wie die westliche, die (geheime) Verbindung zum zweiten Hof herstellten. Die Tür zur Sakristei (1515) hat ein bewundernswertes Sicherungs-System mit nicht weniger als 13 Schlössern, die alle gleichzeitig mit einem einzigen Schlüssel betätigt werden. Das Herzstück der Kirche ist der berühmte, die ganze Chorwand einnehmende Hochaltar (1515-24) mit seinen skulptierten farbigen Figuren - das zweifellos kostbarste Stück in ganz Rumänien. Er versinnbildlicht die Worte Jesu: „Ich bin der Weinstock, ihr seid die Reben" (Joh. 15,5). Auch das Kirchengestühl ist original, mit Einlege-Arbeiten von Johannes Reychmuth. Die Stein-Kanzel, Meister Ulrich aus Hermannstadt zugeschrieben, ist von Passions-Reliefs geschmückt. Das Lapidarium der Kirche hat beachtenswerte Grabsteine aus dem 17. Jahrhundert, u.a. von dem siebenbürgischen Steinmetz Elias Nicolai.

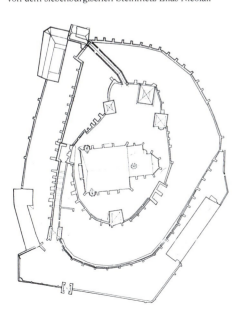

Birthälm / Biertan

Biertan, mentionné comme cité par un document écrit de 1283, fut défendu au Moyen Âge par l'une des plus impressionnantes citadelles paysannes de Transylvanie. Bâtie au sommet d'une colline, la citadelle comporte trois enceintes défendues par six tours et trois bastions. Érigée entre 1490 et 1522, elle subit plusieurs transformations au cours du XVII-e siècle. La première enceinte fut dotée d'une muraille haute d'une douzaine de mètres, de 7 tours (dont 4 furent détruites en 1704 lors des guerres religieuses) et de plusieurs bastions dont certains, notamment celui de l'ouest, permettaient la communication avec la deuxième enceinte (dont la forme n'est pas concentrique).

Le portail d'entrée de l'église, construit en 1515, est doté d'une serrure à 13 fermetures, actionnées simultanément à l'aide d'une seule clef. Le retable de l'église, exécuté en 1515-1524 sur le modèle des maîtres viennois et allemands, est composé d'un vaste polyptique de 28 panneaux articulés peints, ornés de sculptures polychromes en bois. C'est l'ouvrage le plus précieux de ce type de Roumanie. Les stalles sont d'origine, décorées d'incrustations datant de 1514, œuvre de Johannes Reychmuth. La chaire de pierre, de style gothique, attribuée à maître Ulrich de Brasov, est décorée de hauts reliefs représentant «le cycle de la Passion du Christ». Très connu, le lapidarium de l'église, où furent inhumés de nombreux évêques luthériens de Transylvanie, présente plusieurs pierres tombales ornées par le célèbre sculpteur Transylvain Elias Nicolai (XVII-e siècle).

Bonnesdorf / Boian

Die saalartige Kirche vom XV Jh.
Wurde im gotischen Stil gebaut
und später überbaut.

Église-halle type du XV-e siècle.
Construite dans le style gothique
elle fut ultérieurement fortifiée et
rehaussée.

Henndorf / Brădeni

Eine evangelische Kirche aus dem
XV Jh. (1476-1507).

Église évangélique type halle
datant de années 1476-1507.

Gierelsau / Bradu

Evangelische Kirchenburg, wurde
in Dokumenten aus 1315
erwähnt.

L'église évangélique fortifiée,
mentionnée par un document de
1315.

Braller / Bruiu

Die Kirche wurde in Dokumenten aus 1307 erwähnt, ist eine romanische Basilika aus dem XIII Jh. und wurde im XV Jh. umgebaut. Es wurden gotische Elemente hinzugefügt.

L'église mentionnée par un document de 1307, ancienne basilique romane du XIII-e siècle, ayant subi des transformations au XV-e siècle par le rajout d'éléments gothiques.

Der Altar im Spätrenaissance-Stil wurde Ende XV Jh., Anfang XVI Jh. geschaffen.

Le retable, de style Renaissance tardive, fut exécuté probablement entre la fin du XV-e siècle et le début du XVI-e siècle.

Kirschberg / Chirpar

Die evangelische Kirche aus dem XII Jh. war ursprünglich eine romanische Basilika. Im Westen sieht man einen Glockenturm mit Uhr. Das Gebäude wurde ursprünglich aus Stein gebaut; alle nachfolgenden Änderungen sind einfach an der Ziegelbauweise zu erkennen.

L'église évangélique édifiée au XII-e siècle fut à l'origine une basilique romane. Sur son côté ouest elle est dotée d'une tour clocher avec horloge. La construction d'origine est en pierre; tous les éléments architecturaux rajoutés ultérieurement furent exécutés en briques.

Klein-Schenk / Cincşor

Die Kirche stammt aus dem XV Jh.
Die Chorpartie und der Altar.

Église de type halle, fortifiée au
cours du XV-e siècle.
Le chœur et le retable de l'église.

Gross-Schenk / Cincu

Grabstein

Gisant

Der Altar mit einem Gemälde im Renaissance-Stil wurde 1721 von Vincentius aus Hermannstadt geschaffen.

Le retable décoré de peintures du style de la Renaissance exécutées par le peintre Vincent de Sibiu, chef d'œuvre représentant la révélation de Saint Thomas.

Eine romanische Kirche, wurde im XV Jh. im gotischen Stil umgebaut. Eine der grössten befestigten Kirchen aus Siebenbürgen.

Église romane transformée au XV-e siècle en église gothique, l'une des églises fortifiées les plus imposantes de Transylvanie.

Heltau / Cisnădie

Die Kirche stammt aus dem 12. Jahrhundert, ursprünglich romanisch, fortifiziert und gotisiert nach dem verheerenden Türken-Einfall auf Hermannstadt/Sibiu, 1493. Der Grundriss zeigt drei Schiffe mit Apsiden. Der mächtige 4 geschossige Glockenturm im Westen mit romanischem Portal wurde gleichzeitig mit der Apsis-Veränderung errichtet. Die beiden Seiten-Portale erhielten um 1500 ebenfalls kleinere Wehrtürme, das Haupt-Dach wurde um 7m erhöht. 1591 bekam der Haupt-Turm vier kleine Ecktürme aufgesetzt, das Zeichen eigener Gerichtsbarkeit. Im 15.-16 Jahrhundert errichtete man die drei Ringmauern, von 7 Verteidigungs-Türmen verstärkt. Durch diese Ergänzungen hatte sich die Kirche im Laufe der Zeit zu einer mächtigen Anlage mit bedeutender Wehrkraft ausgewachsen. Daran scheiterten auch die Türken bei ihrer Belagerung 1658.

Der Eingang mit schönem gotischen Sandstein-Portal liegt heute auf der Süd-Seite. Wandmalerei-Fragmente des späten 15. Jahrhunderts, die Predella des Altars zeigt die „Darstellung Jesu im Tempel" (Vincentius, 1525). Ein einfaches Blech-Kruzifix in der Sakristei stammt (wohl) noch aus den Jahren der ersten Einwanderung, andere Kult-Gegenstände sind im Brukenthal-Museum in Hermannstadt/Sibiu.

Heltau / Cisnădie

L'église du XII-e siècle, à l'origine une basilique romane, fut fortifiée et transformée dans le style gothique à la suite du grand siège de Sibiu, ancienne capitale de Transylvanie, par les Ottomans en 1493. Le plan de l'église comporte trois nefs, un chœur et une abside, les nefs latérales se prolongeant par des absidioles. Sur le côté occidental de l'église, une haute tour clocher massive, fut érigée sur quatre niveaux, au-dessus du chœur carré, à la même époque où l'abside semi-circulaire fut transformée en abside polygonale; par ailleurs, deux tours furent rajoutées sur les côtés latéraux, au niveau des portails, qui flanquent la nef principale de l'église. Ces tours latérales furent surhaussées en l'an 1500, en même temps que le toit de la tour centrale qui gagna 7 mètres de hauteur. En 1591, on rajouta quatre tourelles à chaque coin de la tour- clocher. Au cours des XV-e –XVI-e siècles on érigea les trois murailles d'enceinte en les munissant de sept tours de défense. À la suite de ces transformations, l'église prit l'allure d'un édifice compact, majestueux, imprenable par les attaquants, y compris les Turcs lors du siège de 1658. L'église a conservé quelques fragments de fresques de la fin du XV-e siècle ; l'iconostase représentant «L'apparition de Jésus» (Vicentius, 1525), ainsi que plusieurs objets de culte sont exposés au musée Brukenthal de Sibiu. Au-dessus de l'entrée sud de l'église on remarquera un beau portail en grès.

Innenhof

Le cloître

Michelsberg / Cisnădioara

Die ev. Kirche „St. Michael" ist dokumentarisch am 20. November 1223 erwähnt, als sie vom Magister Gozelinus der Zisterzienser-Abtei in Carta geschenkt wurde. Es ist wahrscheinlich die älteste romanische Kirche in Rumänien und eine der ältesten Bauern-Burgen, mit einer geschlossenen, teilweise noch heute erhaltenen Ringmauer und einem Eingangs-Wehr-Turm, im Hof zahlreiche Steinblöcke, die bei Belagerungen den 70m hohen Hügel auf die Feinde hinabgerollt wurden. Diese Fluss-Steine, so der Brauch, waren vorher von heiratswilligen Jungmännern hinaufbefördert worden, um ihre Mannbarkeit unter Beweis zu stellen. Der Grundriss der Kirche, eine kleine 3 schiffige Basilika mit Flach-Decke, und die Steinmetzarbeiten am Portal (1260) zeugen von rheinländischem Einfluss. Im Osten zeigt die rote Sandstein-Kirche ein quadratisches Kreuz-Gewölbe mit halbrunder Apsis, die Seitenschiffe enden ebenfalls in je eigenen (kleineren) Apsen. Der (heute) bemerkenswerteste Teil der Kirche ist das romanische Portal auf der Westseite, das zwei bis drei Jahrzehnte nach dem ganzen Gebäude entstanden ist. Diese Seite hat auch zwei unvollendete Schiess-Türme.

L'église évangélique, consacrée à Saint Michel, fut mentionnée dans un document écrit le 20 novembre 1223 qui faisait allusion à la Charte de Charité (Carta Caritatis) de l'Ordre cistercien, étant de toute évidence l'église romane la plus ancienne de Roumanie. L'église fut érigée au sommet d'une colline haute d'une centaine de mètres, escarpée, entourée de murailles d'enceinte (dont on peut voir une bonne partie) défendues d'une tour à l'entrée; c'est la plus ancienne citadelle paysanne de Transylvanie. Le plan de l'église (basilique peu profonde, avec trois nefs successives recouvertes d'une simple charpente) et la décoration du portail sculpté (1260) témoignent de l'influence de l'architecture rhénane. Sur son côté oriental, l'église présente un espace rectangulaire surmonté d'une voûte en croisée d'ogives et une abside semi-circulaire; sur les bas-côtés, les voûtes en ogive se prolongent par des absidioles. La partie la plus ouvragée de l'église est son portail roman situé sur le côté occidental, exécuté quelques décennies après la construction de l'église. Les deux tours érigées sur ce côté restèrent inachevées. L'édifice fut entièrement construit en blocs de pierre brute.

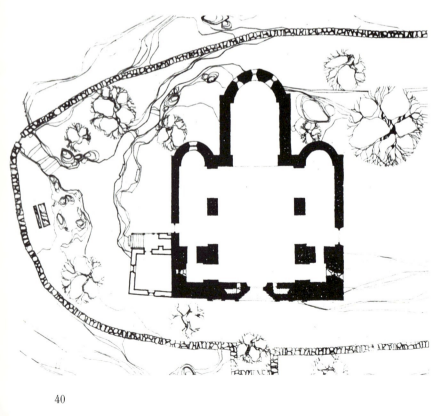

Sächsische Frauen an einem Feiertag.

Femmes saxonnes en costumes traditionnels de fête.

Das westliche romanische Tor.

Le portail de style roman du côté ouest.

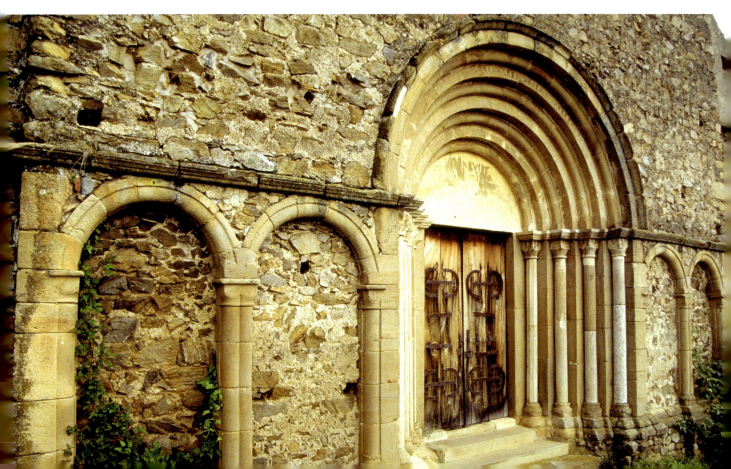

Klosdorf / Cloasterf

Aufnahme vom Anfang des XX Jh.

Photo d'époque – début du XX-e siècle

Die halenförmige Kirche und die Befestigungen stammen aus 1523. Sie befindet sich auf der Hauptstrasse des Dorfes.

L'église de type halle achevée en 1523. Les fortifications datent de la même époque. L'église donne sur la grand'rue du village.

Gross-Kopisch / Copşa Mare

Archivaufnahme

Photo d'archive

Die Kirche wurde im XIV Jh. befestigt. Die Dachdeckungen sind teilweise über die Seitenschiffe montiert. Der Eingang führt durch einen befestigten Uhrturm.

L'église fortifiée du XIV-e siècle. Il est intéressant de remarquer l'assemblage des charpentes dont certaines se prolongent au-dessus des nefs latérales. Le porche d'entrée est surmonté d'une tour clocher à horloge.

Neustadt / Cristian

Die evangelische Kirche wurde über eine alte romanische Basilika aus dem XIII Jh. gebaut. Bestimmte Fragmente sind noch erhalten geblieben. Die Befestigungen stammen aus dem XVI Jh.

L'église évangélique actuelle fut érigée dans le style gothique au XV-e siècle, sur les fondations d'une ancienne basilique romane du XIII-e siècle, dont certains éléments sont encore visibles. Les fortifications, érigées au XVI-e siècle, comprennent deux rangées de murailles pourvues de plusieurs tours.

Durles / Darlos

Die evangelische Kirche von Darlos im spätgotischen Stil. Die Mauern verbergen Fragmente von romanischen Grabsternen. Die Kirche wurde im XV Jh. errichtet.

L'église évangélique de style gothique tardif. Ses murailles conservent une série de stèles funéraires romanes. Elle fut érigée au XV-e siècle.

Das westliche Tor im gotischen Stil.

Le portail occidental en style gothique.

Das Portal mit alten germanischen Motiven.

Le portail de l'église dont la ferronnerie fut exécutée sur les modèles germaniques.

Die Kirche-Festung wurde im XIII Jh errichtet und im XV Jh in eine gotische Kirche umgebaut. 1522 wurden Abwehrtürme in den Ecken hinzugefügt.

L'église fortifiée, érigée à partir du XIII-e siècle (basilique romane), transformée en église-halle de style gothique au XV-e siècle fut pourvue autour de l'an 1522 de tours de défense.

Die Kirche, Detail aus dem Innenraum - Gründungs-Inschrift,
biblisches Bildnis: die Kreuzigung Christi. Das Bild von
Michaelis Kleinii und andere Notabilitäten der damaligen Zeit.
Datum: 23 Juni 1721

L'église, détail de l'intérieur – inscription datant de la fondation
de l'église (le 23 juin 1721), image biblique: Jésus sur la Croix.
Dans les lunettes, on distingue le portrait de Michel Klein et
d'autres notables de l'époque.

Die Orgel wurde Barock dekoriert.

Les orgues de l'église baroque.

Weidenbach / Ghimbav

Die gotische Kirche (XIV-XV Jh.) wurde 1775 rekonstruiert.

L'église gothique de type halle (XIV-e XV-e siècles) fut restaurée en 1775.

Der Altar aus Marmor. In der Mitte ein bemaltes Hochrelief, eine Darstellung von Jesus als Sieger.

Le retable néoclassique (fin du XVIII-e siècle) en marbre. L'Ascension de Jésus.

Honigberg / Hărman

Luftaufnahme der befestigten Anlage. Heute sind sechs von den ursprünglich sieben Türmen (laut Emil Sigerus 1854-1947) erhalten geblieben.

Vue aérienne de l'ensemble fortifié. Aujourd'hui il reste seulement six des sept tours mentionnées par l'écrivain Transylvain Emile Sigerus (1854-1947). La forteresse était entourée de douves et de ponts mobiles.

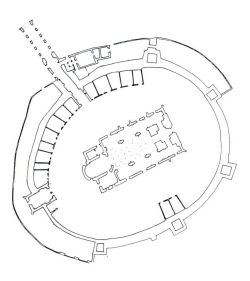

Festungsplan

Le plan de la citadelle

Die ursprünglich romanische Kirche (1280-90) der Zisterzienser, 12km nord-östlich von Kronstadt/Brașov, wurde in der Folge gotisiert. Später, 1500-1520, erhielt sie eine regelrechte Bauern-Burg um sich herum, mit ovalförmigen Mauern, 5m dick und 12m hoch, und tiefen Gräben, die von 6 Bastionen überwacht waren. Übereinanderliegende Räume an dem innersten (kreisrunden) Mauer-Ring entlang nahmen in Zeiten der Gefahr die Leute auf.

Zisterzienser Einfluss ist an den runden Fenstern des Chores abzulesen. Mehrere romanische Kapitelle haben sich im Innern der Kirche erhalten wie auch in der Sakristei einige Konsolen mit grotesken Köpfen. Die Toten-Kapelle zeigt (gotische?) Wandmalereien (1460-70) des Jüngsten Gerichts, an der Nordseite des Chores eine Pieta (mit nord-ital. Einfluss). Nach dem Brand von 1593 wurde die Kirche vollständig restauriert, und in dieser Gestalt sehen wir sie heute noch. Die Ein-Zeiger-Uhr gibt uns nur die Stunden an.

L'église de style roman (1280-1290), construite par les moines cisterciens fut ultérieurement reconstruite dans le style gothique. Au Moyen-Âge, les maisons de la cité furent construites toutes attenantes autour de l'église fortifiée, l'ensemble étant entouré d'une puissante muraille d'enceinte (5 mètres de large sur 12 mètres de hauteur), entourée de douves profondes et pourvue de 6 bastions.

Contre la muraille on construisit des petites habitations à plusieurs étages, où la communauté libre du village pouvait se réfugier en cas d'attaque. A l'intérieur de l'église furent conservés quelques chapiteaux de style romans et dans la sacristie quelques consoles figurant des grotesques. L'église comporte une chapelle funéraire décorée de fresques de style gothique (1460-1470) représentant le thème du «Jugement dernier». Après les ravages de l'incendie de 1593, l'église subit des transformations importantes qui lui donnèrent son aspect actuel.

Der Kirchturm, obwohl überwältigend, hatte
keine Abwehrfunktion.

La tour de l'église, bien que massive, ne jouait
aucun rôle de défense.

Die Einwohner haben Räume um die Kirche herum gebaut. Dort konnten die Kämpfer ihre Familien und Vermögen schützen.

Tout autour de l'église les hommes du village construisirent des cellules pour s'y réfugier avec leurs familles et leurs biens en cas d'attaque.

Das gotische Portal

Le portail gothique de l'église

Der neoklassische Altar

Le retable néoclassique

Hamruden / Homorod

Befestigte Kirche

L'église fortifiée

Altar und Orgel

Le buffet d'orgue, modelé dans
l'esprit d'une sculpture-retable

Aufnahme aus dem frühen XX Jh. mit
Ost-Turm und Einwohner.

La tour orientale et les habitants du
village au début du XX-e siècle.

Fragment einer Freske im
romanischen Stil.

Fragment de fresque de style roman
située dans le chœur de l'église.

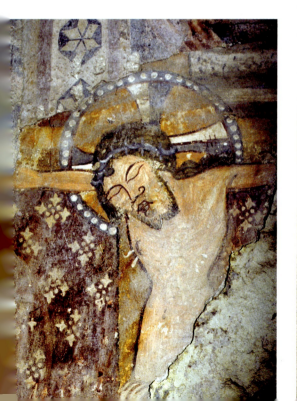

Holzmengen / Hoşman

Romanische Kirche (XIII Jh.)
wurde im XV Jh. umgebaut und
1500 befestigt.

L'église romane (XIII-e siècle)
modifiée au XV-e siècle et
fortifiée en 1500.

Ein Detail vom romanischen Tor

Détail de portail roman

Die evangelische Kirche, eine Basilika im spät-gotischen Stil (XV Jh.). Sie wurde um das Jahr 1500 befestigt.

L'église évangélique, une basilique halle construite dans le style du gothique tardif (XV-e siècle). Fortifications datant de 1500.

Aufnahme (anfang des XX Jh.)

Photo du début du XX- siècle

Eibesdorf / Ighișu Nou

Gotische Kirche vom XIV Jh. Der
West-Turm und die Kirche sind
gleich hoch und das ist die
Besonderheit dieser
Konstruktion.

L'église-halle gothique du XIV-e
siècle. La tour occidentale,
construite a la même hauteur
que l'église, caractérise cet
édifice.

Aufnahme (anfang des XX Jh.)

Photo du début du XX- siècle

Malmkrog / Malancrav

Das wertvollste Ensemble gotischer Wandmalerei befindet sich in der Kirche von Malmkrog. Es wurde 1405 geschaffen .

La fresque de l'église Malancrav, exécutée en 1405, l'un des ensembles picturaux de grande valeur artistique de Transylvanie.

Das Fenster im gotischen Stil

L'encadrement de pierre ciselée d'une fenêtre gothique

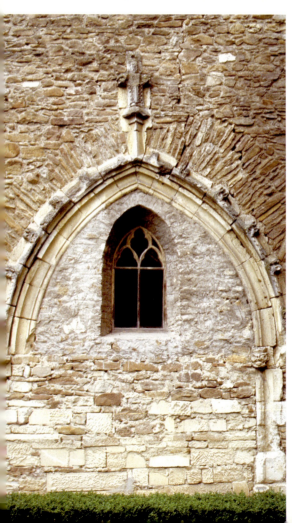

Die Kirche wurde während der zweiten
Hälfte des XIV Jh. gebaut.

L'église fut construite dans la seconde
moitié du XIV-e siècle.

Marpod

Evangelische Kirche aus dem XVII-XIX Jh.
Überblick. Die verstärkten Mauern wurden
im XV-XVI Jh. gebaut.

Vue d'ensemble de l'église évangélique du
XVII-e siècle. Ses murs de défense furent
érigés aux XV-e-XVI-e siècles.

Mergeln / Merghindeal

Eine romanische Kirche von 1280. Die zwei Türme
im Osten und Westen bilden eine laterale Symmetrie,
die sehr prägnant und ungewönlich für religiöse
Bauten ist. Die Befestigungen wurden im XV-XVI Jh.
hinzugefügt.

L'église romane édifiée autour de l'an 1280. Deux
tours flanquent l'édifice des deux côtés, est et ouest,
lui assurant une parfaite symétrie latérale, rarement
adoptée par les édifices religieux. Les fortifications
datent des XV-e-XVI-e siècles.

Der Altar

Le retable de l'église

Meschendorf / Mesendorf

Eine gotische Kirche, als einheitlicher Raum aufgefasst. Im Westen kann man den Uhrturm sehen. Die befestigten Mauern wurden im XV-XVI Jh. gebaut.

L'église gothique de type halle. Sur son côté occidental on remarque la tour à horloge. Ses murs fortifiés furent érigés au cours des XV-e –XVI-e siècels.

Überblick auf die Ortschaft

Vue d'ensemble du village médiéval

Menschen / Mosna

Die gotische Kirche wurde 1480-1486 errichtet. Sie ist von starken Mauern umgeben, und wurde im XVI Jh. mit Türme versehen.

L'église fut érigée entre 1480 et 1486 dans le style gothique. Elle est entourée d'une puissante muraille d'enceinte, gardée par plusieurs tours de défense (XVI-e siècle).

Hundertbücheln / Movile

Romanische Basilika vom XIV Jh., wurde später umgebaut und im XV befestigt.

Basilique romane du XIV-e siècle ayant subi ultérieurement des transformations, notamment par le rajout de fortifications au XV-e siècle.

Heithausen / Netus

Befestigte Kirche vom XV Jh. (etwa 1448).

L'église fortifiée datant de 1448.

Leschkirch / Nocrich

Die Mauern stammen aus den XVI-XVII Jh. Die Kirche ist gebaut worden. Die Kirche stammt aus 1802 und steht auf den Ruinen einer älteren Kirche vom XIV Jh.

Les murs de défense datent des XVI-e – XVII-e siècles. L'église est plus récente (1802) et fut construite sur l'emplacement de celle du XIV-e siècle.

Die Aufnahme stellt den Empfang der Glocken am 24 April 1926 dar.

Photo d'époque représentant le baptême des nouvelles cloches le 24 avril 1926.

Kanzel mit Basreliefs und goldenen Ornamenten mit Jugendstil-Einflüssen.

La chaire de l'église avec des bas-reliefs et des ornements végétaux est un pur produit du «Jugenstill».

Tartlau / Prejmer

Luftaufnahme von Kirche und Festung. Die Festung war von Wasserkanälen, eisernen Toren und Zugbrücken umgeben. Die Baut stammt aus dem XIV Jh und ist eine der eindrucksvollsten von ganz Siebenbürgen.

Vue aérienne de l'église et de la forteresse paysanne. Celle-ci était défendue de douves, de grands portails de fer et de plusieurs ponts mobiles. Datant du XIV-e siècle, cette forteresse est l'une des plus impressionnantes de Transylvanie.

Festungsplan

Le plan de la citadelle

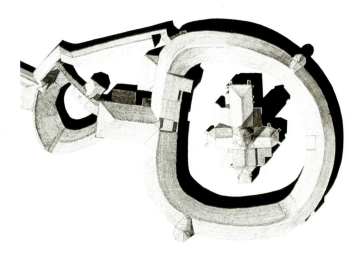

Tartlau / Prejmer

Im Inneneaum der Festung gab es Räume die als Zuflucht in Belagerungsfall dienten.

À l'intérieur de la forteresse il existait des refuges pour les villageois en cas de siège.

Die Chorpartie und der Altar mit einem Gemälde von 1450, wahrscheinlich von einem Wiener Meister (Erhardus?) geschaffen. Der Altar im gotischen Stil stellt die Kreuzigung Christi dar.

Le chœur et le retable de l'église. Les peintures furent exécutées autour de l'an 1450 par un maître viennois (Erhardus ?)

Die Aussenmauer mit Nischen und Arkaden.

Détail de la muraille extérieure, dotée de niches et d'arcades dont la fonction devint au fil du temps purement décorative.

Detail aus dem Innenraum: Die Logen wurden mit floralen Motiven verziert.

Détail du mobilier intérieur: stalles décorées de motifs floraux.

Sachsen in Tracht. Aufnahme vom Anfang des XX Jh.

Saxons en costumes traditionnels de fête. Photo du début du XX-e siècle.

Reichesdorf / Richis

Das West-Tor.
Die Kirche stammt aus der zweiten
Hälfte des XIV Jh.
Sie ist eine gotische Basilika mit drei
Schiffen.

Le portail ouest de l'église. Construite
dans la seconde moitié du XIV- e
siècle, cette basilique a trois nefs. Les
finitions de pierre sont remarquables.

Die Orgel mit barocken
Ornamenten von 1788.

Les orgues baroques furent
installées en 1788.

Der Altar im Barock-Stil,
1775 geschaffen.

Le retable de style baroque,
exécuté en 1775.

Radeln / Roadeş

Kirchenburg aus dem XIII-XVI Jh. (um das Jahr 1900).

Citadelle paysanne datant des XIII-XVI –e siècles (photo de 1900).

Die evangelische Kirche hat einen eher archaischen Aspekt.

Aspect actuel de l'église évangélique. À remarquer la silhouette massive de l'édifice religieux, souligné par la majesté de ses proportions.

Rothberg / Roșia

Romanische Basilika, in der ersten
Hälfte des XIII Jh. gebaut.

Basilique romane, construite pendant
la première moitié du XIII-e siècle.

Keisd / Saschiz

Festungsplan

Le plan de la citadelle

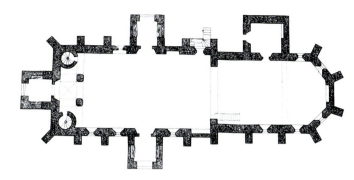

Luftaufnahme von Kirchenburg und Umgebung.

Vue aérienne de la citadelle paysanne et de ses environs.

Die (heutige) ev. Wehr-Kirche (1493-96), zur Zeit der Türkenkriege erbaut, ist seit 1832 durch einen einzelnen, auf der Nordseite 10m abseits stehenden Turm bewacht. Er ähnelt dem Stundturm in Schässburg.

Der jetzige Bau steht auf den Ruinen einer romanischen Kirche, von der nur einige wenige skulptierte Stücke übrig geblieben sind, wie auch Kapitelle und Konsolen für die Blumenbehälter des Altars. Das eigentliche Sanktuarium ist in eine Festung verwandelt, das ganze Gebäude sieht wie ein einziger geschlossener Block aus, das Dach aus einem Stück, Langhaus und Chor aus einem Guss, durch ein Wehrgeschoss überhöht, das von 23 Strebepfeilern (mit 40 Blendbögen) getragen wird, kein West-Turm. Kirche und Turm wurden durch die Erdbeben 1977, 1986 und 1990 in Mitleidenschaft gezogen.

L'église fortifiée fut construite à l'époque des grandes invasions ottomanes (1493-1496). Aujourd'hui c'est une église de culte évangélique. Elle est munie sur la facade nord d'une tour haute d'environ 10 mètres, érigée en 1832, qui ressemble à la tour de l'Horloge de la ville de Sighişoara.

L'église actuelle fut érigée sur les fondations d'une église romane dont on a conservé quelques fragments de sculptures, des chapiteaux, des consoles, qui servent aujourd'hui comme supports pour les fleurs en pots qui décorent le retable. Même le sanctuaire fut fortifié; l'édifice a un aspect massif grâce à son toit construit d'une seule pièce, sans distinction entre la nef et le chœur, soutenu par une multitude de poutres de soutien; on remarquera l'absence de la tour occidentale. Tant la tour nord que l'édifice de l'église furent sérieusement affectés par les récents tremblements de terre (1977, 1986, 1990).

Gross-Schelken / Șeica Mare

Ursprünglich eine romanische Basilika vom XIII Jh., die Kirche wurde im XV Jh. im gotischen Stil umgebaut und gleichzeitig befestigt.

Initialement basilique romane (XIII-e siècle), l'église fut transformée dans le style gothique au XV-e siècle et fortifiée à la même époque.

Stolzenburg / Slimnic

Luftaufnahme der Festung. Die Ortschaft wurde 1282 gegründet. Die Kirche wurde im XIV Jh errichtet und 1792 erneuert.

Vue aérienne de la citadelle. La citadelle fut mentionnée dans un document de 1282. L'église, construite au XIV-e siècle, fut reconstruite en 1792.

Aussenansicht der Kirche

Vue du chevet de l'église

Schaal / Soala

Befestigte Kirche, im XV Jh. gebaut.

L'église fortifiée, construite au XV-e siècle.

Detail von Anlage und Umgebung.

Vue partielle de l'enceinte fortifiée et de ses environs.

Propsdorf / Stejărișu

Kirchenburg vom XIV Jh. Überblick.

Citadelle paysanne et son église de style gothique datant du
XIV-e siècle. Vue générale.

Klein Scheuern / Șura Mică

Romanische Basilika vom XIII Jh.,
wurde 1506 erneuert und befestigt.

Basilique romane du XIII-e siècle,
restaurée en 1506

Der Altar im bäuerisch-
sächsischen Stil.

Le retable de l'église de style
baroque saxon.

Waldhütten / Valchid

Die Kirche wurde 1390 im gotischen Stil gebaut. Die Türme wurden in jeder Ecke gebaut und der Uhrturm ist aussergewönlich. Die Festung wurde im Bürgerkrieg von 1605 zerstört und später wiederaufgebaut. Der Altar und die Orgel wurden 1809-1811 restauriert.

L'église fortifiée fut construite en 1390 dans le style gothique. Elle est dotée de tours à chaque coin, celle à horloge étant la plus grande. La forteresse fut dévastée lors de la guerre civile de 1605, en même temps que la localité. Elle fut reconstruite; l'iconostase et les orgues datent de 1809-1811.

Deutsch-Weisskirch / Viscri

Die ev. Kirche, anfangs eine romanische Basilika, dann in eine Hallenkirche umgewandelt (mit halbrundem Altar-Raum), mit kleinen Ausmassen, beeindruckt durch seinen dicken Mauern, sowohl des Sanktuariums wie auch des ersten Mauer-Ringes, mit hohem 6 stöckigen Turm im Westen (1494) - ein schöner Blick über Land und Leute. Die Mauer des ersten Hofes ist gut erhalten und besitzt 4 Türme, einer über dem Eingang, und zwei Basteien, dicht beieinander. Die Verbindung zwischen beiden wurde über einen überdeckten Weg aufrecht erhalten. Im Innern steht immer noch ein Kapitell mit Zierleiste aus der romanischen Kirche, das zusammen mit dem Triumpfbogen eine Datierung ins frühe 13. Jahrhundert erlaubt.

L'église évangélique que nous voyons aujourd'hui fut à l'origine une basilique romane, transformée ultérieurement en église-halle, ayant à son extrémité une abside semi-circulaire de petites dimensions. Elle est très imposante grâce à l'épaisseur des murs intérieurs du sanctuaire et du premier vaisseau dominé par une haute tour à six niveaux, construite en 1494. La muraille de la première enceinte de la citadelle est dotée de 4 tours, dont l'une est placée au-dessus de l'entrée principale et deux bastions rapprochés. Ces deux bastions communiquaient entre eux par un passage discret qui permettait aux villageois d'échapper à l'attaquant. À l'intérieur de l'église on peut voir un chapiteau roman sur lequel reposait l'arc triomphal, entièrement fidèle au style roman du XIII-e siècle.

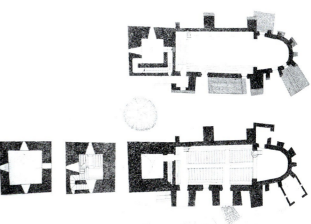

Eingang zur „Gottesdienst"

L'entrée à la messe

Wolkendorf / Vulcan

Die evangelische Kirche von Vulcan war ursprünglich eine romanische Basilika vom XIII Jh.

L'église évangélique de Vulcan fut à l'origine, au XIII-e siècle, une basilique romane.

Innenansicht

Image de l'intérieur de l'enceinte fortifiée

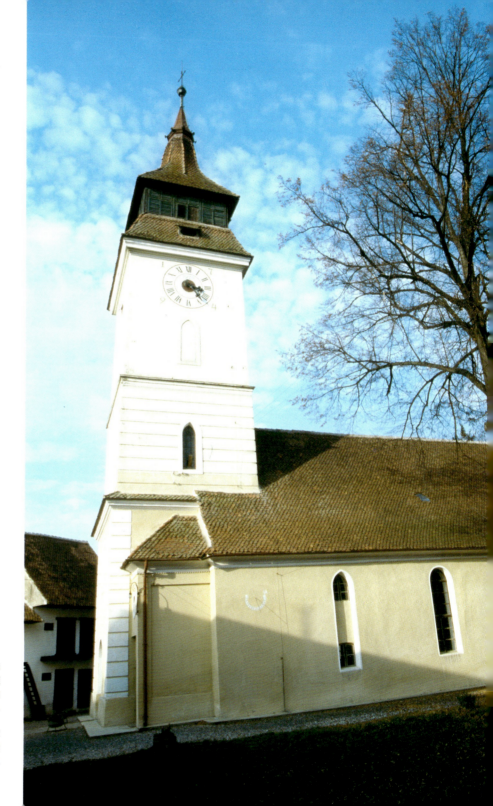

Von der alten Basilika sind nur noch die
Fenster und das Gewölbe über dem Eingang
erhalten geblieben, die übrigen Bauelemente
wurden schrittweise umgebaut.

De l'ancienne basilique il reste uniquement les
fenêtres et la voûte d'entrée, tout le reste ayant
subi des modifications successives.

Text / Texte
Augustin Ioan
Hanna Derer

Graphische Gestaltung / Réalisation et conception graphique
Iulian Capsali
Augustin Ioan

DTP
Gabriel Nicula

Fotografien / Photos
Dan Ioan Dinescu
Ștefan Petrescu
Mircea Savu

Legende / Légendes
Mihaela Dâmbean
Dana Voiculescu

Deutsche Fasung
Dan Vlădescu

Version francaise
Diane Chesnais

Projektgestaltung / Coordonnateurs
Arpad Harangozo
Ovidiu Morar

Tipărit la R.A. Monitorul Oficial